O espelho do sentimento

ADEILSON SALLES

O espelho do sentimento

Ilustrações de L. Bandeira

Copyright © 2008 *by*
FEDERAÇÃO ESPÍRITA BRASILEIRA – FEB

1ª edição – Impressão pequenas tiragens – 6/2025

ISBN 978-85-7328-599-4

Todos os direitos reservados. Nenhuma parte desta publicação pode ser reproduzida, armazenada ou transmitida, total ou parcialmente, por quaisquer métodos ou processos, sem autorização do detentor do *copyright*.

FEDERAÇÃO ESPÍRITA BRASILEIRA – FEB
SGAN 603 – Conjunto F – Avenida L2 Norte
70830-106 – Brasília (DF) – Brasil
www.febeditora.com.br
editorial@febnet.org.br
+55 61 2101 6161

Pedidos de livros à FEB
Comercial
Tel.: (61) 2101 6161 – comercial@febnet.org.br

Adquirindo esta obra, você está colaborando com as ações de assistência e promoção social da FEB e com o Movimento Espírita na divulgação do Evangelho de Jesus à luz do Espiritismo.

Dados Internacionais de Catalogação na Publicação (CIP)
(Federação Espírita Brasileira – Biblioteca de Obras Raras)

S168e   Salles, Adeilson Silva, 1959-

         O espelho do sentimento / Adeilson Salles; [ilustrações] Lourival Bandeira de Melo Neto. – 1. ed. – Impressão pequenas tiragens – Brasília: FEB, 2025.

         28 p.; il. color.; 25 cm

         ISBN 978-85-7328-599-4

         1. Literatura infantojuvenil brasileira. I. Melo Neto, Lourival Bandeira de. II. Federação Espírita Brasileira. III. Título.

                                                   CDD 028.5
                                                   CDU 087.5
                                                   CDE 81.00.00

Dedico este livro a Monteiro Lobato, doce arquiteto da imaginação infantil. Meu mestre, meu melhor companheiro nas brincadeiras literárias.

Livrolândia

Era uma vez um reino muito bonito e letrado chamado Reino da Livrolândia.

O Rei que governava a Livrolândia era bondoso e justo, e era conhecido por seu nobre e caridoso coração.

As pessoas adultas viviam felizes, pois tinham trabalho e livros.

Todas as crianças iam à escola.

No campo, as colheitas eram sempre fartas; com isso, não faltavam alimentos.

A maior preocupação do rei Leitorius II era com a leitura. Ele se orgulhava de em seu reino todos saberem ler e escrever.

Mas o Rei sabia que o homem, além de gostar de ler, precisava também saber amar.

Sua Majestade Leitorius II era casado com a rainha Letrícia e tinha um filho: o principezinho Leionardo I.

A riqueza no Reino da Livrolândia era a sabedoria.

Os bancos eram as livrarias.

Cada morador da Livrolândia tinha direito a receber um salário de livros por mês. Quanto mais o livrolandense (esse era o nome de quem nascia na Livrolândia) lia, mais rico ficava.

E os súditos do rei Leitorius II eram muito felizes, pois quanto mais liam, mais a vida melhorava.

Os agricultores plantavam e colhiam com alegria.

Os soldados do Reino da Livrolândia não usavam armas, usavam dicionários para ajudar os leitores com as palavras mais difíceis.

Raramente acontecia alguma confusão e, quando as pessoas se desentendiam, o que se ouvia era apenas:

— Não me provoque, do contrário eu lhe dou com um parêntesis na cabeça.

— Se mexer comigo, eu lhe mando um objeto indireto no queixo — respondia a outra parte.

As confusões não passavam de ameaças gramaticais sem maior prejuízo a ninguém. Não existiam prisões, pois ninguém se interessava em ter; todos queriam ler para ser.

No Reino da Livrolândia, existiam muitos escritores, pois quanto mais pessoas liam, mais pessoas escreviam.

Soldado

Na praça de nome Praça da Boa Prosa, muitos livrolandenses se reuniam para prosear todas as tardes. Contavam histórias e tomavam conhecimento das novidades culturais.

O lema do rei Leitorius II era: "Povo feliz é povo que lê!".

Anualmente, acontecia a grande Olimpíada da Conjugação Verbal. O vencedor ganhava a medalha da Sabedoria da Livrolândia.

Tudo estava sendo preparado com muito esmero para a famosa competição.

Viriam competidores de vários lugares do reino.

A Olimpíada da Conjugação Verbal aconteceria no grande Teatro do Saber, onde sempre se promoviam os mais belos eventos culturais.

O rei Leitorius II é quem determina o verbo a ser conjugado em cada competição.

O verbo-tema da olimpíada era sempre anunciado minutos antes do seu início.

As inscrições estavam abertas e, a cada dia que passava, mais a fila para se inscrever aumentava.

Dias depois, as inscrições se encerraram e trezentas pessoas iriam participar da Olimpíada da Conjugação Verbal.

A Olimpíada

Enfim, chegou o grande dia!

As trombetas ecoaram no grande Teatro do Saber; as pessoas se levantaram com a chegada da família real.

Elegantemente vestido, o rei Leitorius II, segurando um cetro todo salpicado de letras douradas, ajeitou sua capa vermelha para que pudesse sentar-se confortavelmente no trono. Ao seu lado, a rainha Letrícia e o príncipe Leionardo I.

A um sinal do Rei, toda a plateia se sentou.

Após o toque das trombetas, o chefe do cerimonial desenrolou um pergaminho e anunciou:

— Sua Majestade, o rei Leitorius II, informa a todos que o verbo escolhido para ser conjugado na Olimpíada da Conjugação Verbal...

O silêncio era grande no enorme Teatro do Saber.

— ...O verbo escolhido para ser conjugado na Olimpíada da Conjugação Verbal é... — repetiu o chefe do cerimonial, aumentando o suspense — o verbo AMAR. O vencedor deverá conjugar perfeitamente o verbo AMAR no presente do indicativo, em frente ao espelho mágico.

Ouviu-se um "aaaahhhhh" em toda a assembleia.

Os competidores ficaram decepcionados com a escolha do Rei:

— Ainda se fosse o verbo ler... — reclamaram alguns.

— E agora — continuou o chefe do cerimonial — a palavra do rei Leitorius II.

Curvando-se com reverência, o chefe do cerimonial passou a palavra ao Rei, que discursou assim:

— Caros súditos da nossa querida Livrolândia, dessa vez escolhi o verbo AMAR, pois é um verbo que permitirá ao espelho mágico analisar se o competidor conjuga e sente o que está conjugando. AMAR é o verbo da felicidade, pois só quem ama de verdade consegue sentir a magia dessa conjugação. Os competidores deverão conjugar o verbo com sabedoria e emoção. Para isso, irão falar em frente ao nosso espelho mágico, que registra o sentimento de quem se coloca diante dele.

Após breve pausa, o Rei prosseguiu:

— O espelho mágico denunciará aquele que conjugar o verbo AMAR apenas com os lábios. Dessa forma, a pessoa que mentir terá que prestar serviços ao nosso reino. Eu darei a sentença na hora. Diante do espelho, ninguém conseguirá mentir, e só vencerá a olimpíada quem conjugar e sentir no coração essa conjugação. Não se esqueçam — continuou o Rei —, o verbo AMAR deverá ser conjugado em todas as pessoas: eu, tu, ele, nós, vós, eles. Declaro aberta a Olimpíada da Conjugação Verbal do Reino da Livrolândia.

E, dizendo isso, o Rei ergueu seu cetro e disse as palavras de ordem do seu reinado:

— Povo que lê é povo feliz!

Os candidatos se entreolharam assustados.

Alguns foram se retirando e, dos trezentos inscritos, apenas cinco resolveram tentar a conjugação.

O manto que cobria o espelho mágico foi retirado e o primeiro candidato foi chamado.

O próprio rei Leitorius II seria o condutor da olimpíada.

— Senhor José Antônimo da Silva, pode se colocar diante do espelho.

José Antônimo estava trêmulo e de cabeça baixa.

— Pode começar — pediu o Rei —, não se esqueça de que o espelho mágico denunciará as pessoas que conjugarem o verbo apenas com os lábios.

O homem permaneceu de cabeça baixa por alguns segundos que pareceram horas.

— Por favor, pode começar! — repetiu o Rei.

Tomando coragem, José Antônimo da Silva ergueu a cabeça e, encarando o espelho, começou a conjugação:

— Tu amas, ele ama, nós amamos, vós amais, eles amam — e ficou mudo diante do espelho.

Notando que algo estava errado, o Rei resolveu intervir:

— É preciso conjugar o verbo desde a primeira pessoa que, no caso singular, é o pronome "eu".

Diante do espelho mágico do sentimento, ninguém conseguia mentir. Não foi diferente com o senhor José Antônimo. Ele não sentia o que conjugava. Quando alguém mentia em frente ao espelho do sentimento, o espelho deixava de refletir a imagem da pessoa, tornando-se opaco.

Ouviu-se um "oooohhhhhhhh" ecoando pelo Teatro do Saber.

Para surpresa dos presentes, o senhor José Antônimo começou a chorar.

Vendo aquela cena, mais um candidato desistiu. O rei Leitorius II, usando de suas atribuições reais, afirmou:

— Não chore, senhor José Antônimo, em nosso reino todos têm a oportunidade de aprender. Mas o senhor deve entender que não se pode mentir, por isso eu determino que, por essa mentira, o senhor terá que ler livros infantis em praça pública para nossas crianças durante um ano.

Envergonhado pela mentira, José Antônimo se retirou de cabeça baixa. Todos os súditos sabiam que o Rei era muito severo e justo.

Auxiliares reais se aproximaram de José Antônimo e o levaram dali.

Restaram três inscritos.

— O próximo candidato — anunciou o Rei — é o senhor Adjetivando dos Santos.

Simpático, o senhor Adjetivando dos Santos saudou o Rei com reverência. Decidido, fixou o olhar no espelho mágico do sentimento.

Surpreso com tamanha demonstração de coragem, o Rei pediu:

— Pode começar a conjugação!

— Eu...

Minutos se passaram e nada se ouviu além daquele "eu".

O Rei se aproximou do senhor Adjetivando dos Santos e, ao tocá-lo, percebeu que ele não conseguia falar, pois ficou com medo de mentir.

— O senhor não vai falar? — indagou o Rei. A resposta foi:

— Humm... Humm... — ele pronunciou balançando a cabeça negativamente.

Como ele não havia mentido, pois se arrependeu na hora, o Rei decidiu:

— Senhor Adjetivando dos Santos, pode se retirar, mas terá que tomar sopa de letrinhas durante seis meses no seu jantar.

Restaram dois inscritos na olimpíada.

— Próximo candidato — convocou o Rei —, aproxime-se o senhor Torquato do Predicativo de Melo.

Humildemente, o senhor Torquato postou-se em frente ao espelho e conjugou:

— Eu amarei, tu amarás, ele amará, nós amaremos, vós amareis, eles amarão.

— Mas essa conjugação é do tempo futuro, não é presente! — exclamou o Rei.

Com todo respeito ao Rei, o senhor Torquato respondeu:

— Vossa Majestade, rei Leitorius II, ainda não aprendemos a amar as pessoas e agir conforme o verbo AMAR no presente. Estamos lutando para deixar de conjugar esse verbo no passado: eu amei, tu amaste, ele amou, nós amamos, vós amastes, eles amaram. — O súdito fez uma pausa e prosseguiu:

— Hoje ainda estamos aprendendo a conjugar o verbo AMAR.

Surpreso, o Rei concordou com o senhor Torquato:

— Tem razão, nobre e sincero súdito. O espelho mágico do sentimento não teve nenhum efeito sobre você, o que você fala é o que seu coração sente. Mas ainda temos um inscrito.

Todas as atenções se voltaram para a única mulher que se candidatou para a olimpíada.

— O próximo e último inscrito é a senhora Maria do Amor Mais que Perfeito — informou o Rei.

A mulher caminhou até o espelho e conjugou:

— Eu amo, tu amas, ele ama, nós amamos, vós amais, eles amam.

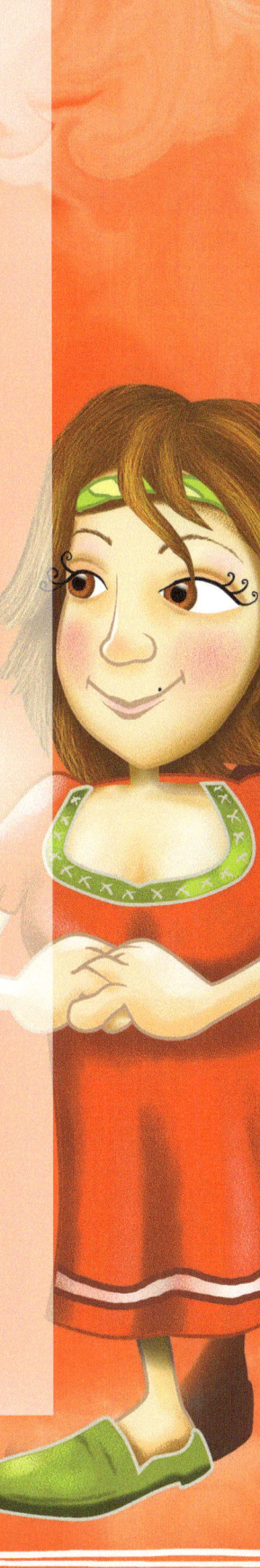

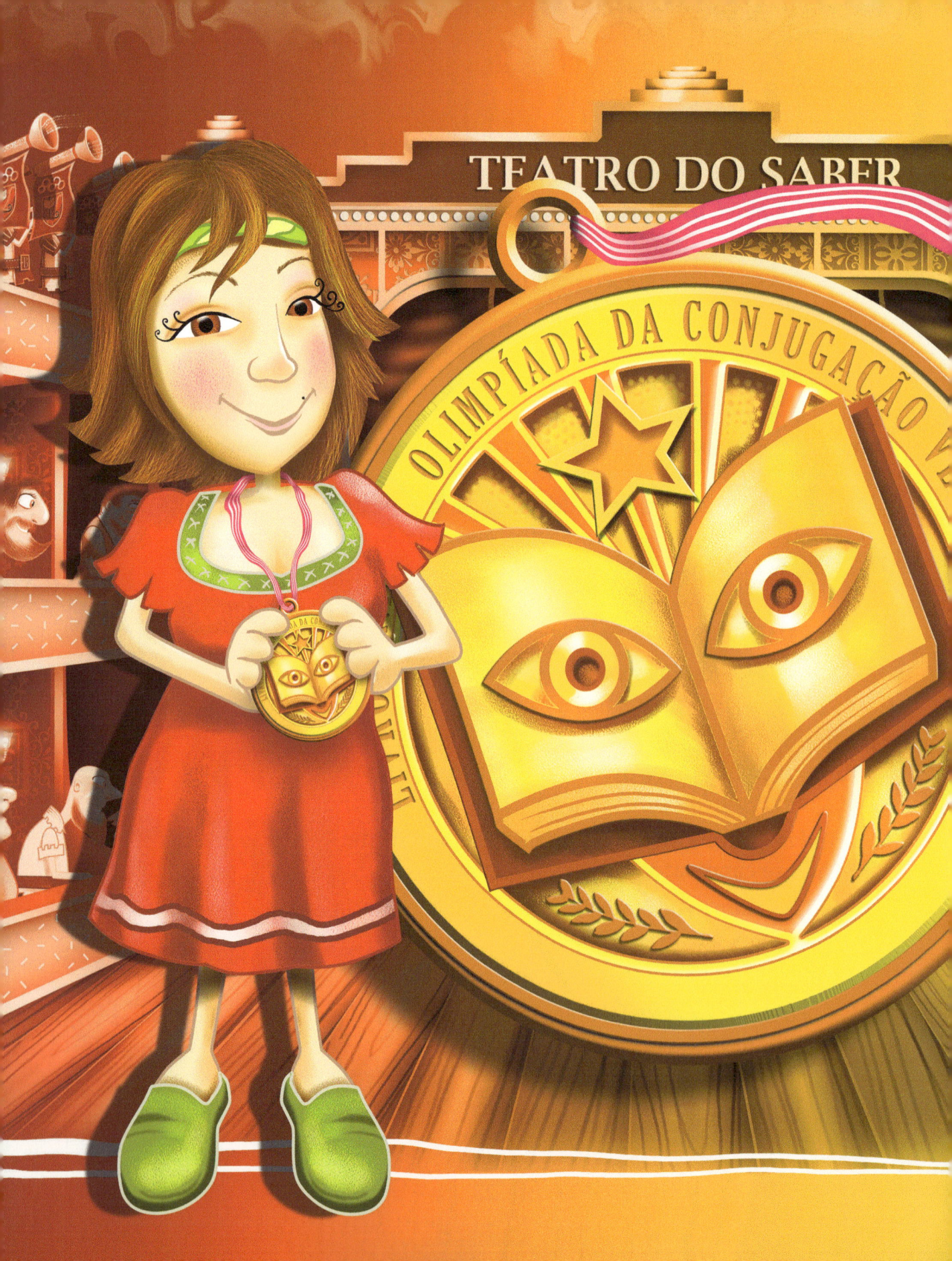

O espelho mágico do sentimento irradiou uma luz muito bonita e intensa que iluminou o coração de todos os presentes.

Comovido, o Rei indagou:

— Quem é você?

— Eu sou mãe! — respondeu docemente a mulher.

Compreendendo a situação, Leitorius II falou:

— As pessoas que sabem doar-se sem exigir nada em troca conseguem conjugar o verbo AMAR diante do espelho mágico. Maria do Amor Mais que Perfeito, representando as mães, é a vencedora da nossa Olimpíada da Conjugação Verbal. Declaro encerrada a competição.

Todos aplaudiram as palavras do rei Leitorius II, que, feliz, abraçou os participantes José Antônimo da Silva e Adjetivando dos Santos.

E, entregando a medalha da sabedoria a Maria do Amor Mais que Perfeito, disse a frase:

— Povo que lê é povo feliz.

Conselho Editorial:
Carlos Roberto Campetti
Cirne Ferreira de Araújo
Evandro Noleto Bezerra
Geraldo Campetti Sobrinho – Coord. Editorial
Jorge Godinho Barreto Nery – Presidente
Maria de Lourdes Pereira de Oliveira
Miriam Lúcia Herrera Masotti Dusi

Produção Editorial:
Elizabete de Jesus Moreira

Revisão:
Rosiane Dias Rodrigues

Capa e Ilustrações:
L. Bandeira

Diagramação:
Isis F. de Albuquerque Cavalcante

Normalização Técnica:
Biblioteca de Obras Raras e Documentos Patrimoniais do Livro

O ESPELHO DO SENTIMENTO				
EDIÇÃO	IMPRESSÃO	ANO	TIRAGEM	FORMATO
1	1	2009	3.000	20,5x24,5
1	2	2010	3.000	20,5x24,5
1	3	2014	1.000	20x25
1	IPT*	2022	50	20x25
1	IPT	2023	150	20x25
1	IPT	2024	50	20x25
1	IPT	2025	50	20x25
*Impressão pequenas tiragens				

Esta edição foi impressa no sistema de Impressão pequenas tiragens, em formato fechado de 200x250 mm. Os papéis utilizados foram o Couché 90 g/m² para o miolo e o Cartão 250 g/m² para a capa. O texto principal foi composto em fonte Quicksand 16/18 e os títulos em Overlock 14/17. Impresso no Brasil. *Presita en Brazilo.*